NOTICE

SUR

L'HYDROSUDOPATHIE,

OU

L'ART DE GUÉRIR LES MALADIES

LES PLUS INVÉTÉRÉES,

AU MOYEN DE L'EAU FROIDE ET DE LA TRANSPIRATION;

Art pratiqué à Graefenberg,

Par M. Vincent Priessnitz,

DANS LES MONTAGNES DE LA SILÉSIE AUTRICHIENNE.

PRIX : 2 SOUS.

3000 EXEMPLAIRES.

PARIS.

MANSUT FILS, LIBRAIRE,

RUE DES MATHURINS SAINT-JACQUES, 17.

1838.

Cette publication, comme il est facile de s'en apercevoir, n'a point été entreprise dans un but d'intérêt personnel, mais bien dans celui de la société tout entière. Le peu d'étendue de cette feuille, qui n'a pu nous permettre d'y joindre l'exposé des cures importantes qui se sont opérées sous les yeux de l'auteur pendant son séjour à Graefenberg *, nous oblige également à être courts dans cet Avant-propos. — Nous nous bornerons donc à dire que ce travail n'est qu'une ébauche et non un traité d'Hydrosudopathie : c'est à MM. les médecins qu'il appartient d'en doter la France. L'auteur n'a voulu que leur en préparer les voies, en appelant l'attention générale sur une découverte si précieuse à l'humanité. Qu'on recueille, autour de soi, les faits épars qui montrent la puissance curative de l'eau froide, de la glace et de la neige, et l'on prendra confiance dans un système appelé à consoler les peuples, à les affranchir pour jamais des plus cruelles souffrances, à nous montrer enfin que la providence, qui aime ses enfants, a mis partout, à leur portée, des moyens de conservation. — Ici l'art hygiénique de prévenir les maladies, est uni à celui de les guérir.

* Il a passé six mois dans cet établissement, par suite d'une maladie de peau qui avait résisté à tous les efforts de la médecine ordinaire. Il doit à la vérité de dire que, depuis le 7 avril 1837, qu'il en est parti, sa santé n'a pas cessé un jour d'être florissante.

I. Origine de l'Hydrosudopathie. Pag. 3.
II. Graefenberg, sa situation, etc. 5.
III. Procédés de la cure. 8.
IV. Marche ordinaire de la cure. 19.
V. Son mode d'action. 23.

I.

Origine de l'Hydrosudopathie.

Nous sommes dans un siècle où sur tous les points du globe l'esprit d'observation se déploie, enfante des prodiges, invente, scrute la nature et ajoute chaque année de nouveaux anneaux à la chaîne déjà si brillante des connaissances humaines. Il n'est pas jusqu'aux hautes montagnes de la Silésie qui ne puissent se glorifier d'avoir donné le jour à l'un de ces hommes qui honorent le sol qui les a vu naître, et jettent au loin une clarté nouvelle, dont la science et l'humanité profitent. — Tel est le vertueux V. Priessnitz, qui nacquit, le 4 septembre 1799, dans un des vallons escarpés du Hirschbadkamm. Doué d'un talent rare d'observation, d'un tact et d'une pénétration peu commune, il fixa sur lui de bonne heure l'attention publique. Il était à peine dans l'adolescence lorsqu'il entendit dire que de bouchonner les pieds des chevaux avec de l'eau froide dans les cas d'entorse, de contusion, de tumeur, d'induration, etc., c'était travailler à leur guérison. Il vérifia le fait et une fois convaincu de l'efficacité de ce moyen sur les chevaux, il en fit l'application aux autres animaux domestiques. — Le succès lui donna du courage · des animaux il passa aux hommes et réussit à les guérir de maladies analogues, à l'aide de frictions et de compresses humides. Ces premiers résultats décidèrent de sa vocation. Dès-lors, il crut voir dans l'eau une panacée universelle, dont l'application seule offrait des difficultés, que le temps pourrait lui applanir.

Un terrible accident, qui fit un moment désespérer de sa vie, le rendit bientôt lui-même l'objet de ses propres investigations : un cheval fougueux, en 1816, lui imprima ses fers sur la figure, le bras gauche et lui brisa deux côtes qui, quoique n'ayant pu être remises par les chirurgiens, le furent par les efforts et l'heureuse inspiration de ce jeune homme lui-même qui, s'appuyant le ventre contre l'angle d'une chaise, en retenant sa respiration, les obligea à reprendre leur place ordinaire. Il s'environna alors le corps d'un essuie-main mouillé, but de l'eau en abondance et au bout de dix jours, il fut en état de sortir, quoique sans pouvoir reprendre ses occupations que plus d'une année après. — On dirait que la Providence, qui le destinait à rendre aux hommes les plus importants services, ne le faisait passer par de si rudes épreuves que pour mieux lui faire apercevoir les ressources qu'il avait en lui-même et l'excellence des moyens qu'elle confiait à sa sagacité.

Sa propre guérison fit du bruit dans la contrée; car les chirurgiens qui n'avaient pu réussir, ne laissèrent pas que de manifester tout haut leur admiration pour le moyen ingénieux, avec lequel le jeune Priessnitz avait éloigné de lui la mort qui s'en approchait à grand pas. — Dès-lors, on le considéra dans la contrée comme visiblement protégé du ciel. La confiance dût s'en accroître; aussi de toute part on venait demander ses conseils. Sa maison devenait trop petite pour contenir la foule qui chaque jour s'y pressait. Il profita habilement de cette disposition des esprits pour étendre la sphère de son activité et tenter de nouveaux essais à l'aide de son *arcane mystérieux*; ainsi le voulaient les montagnards qui pensaient que l'eau n'avait aucune vertu par elle-même, mais bien plutôt les frictions que faisait le jeune homme, peut-être ses prières ou mieux encore quelques paroles magiques prononcées en secret. Tel est la tendance au merveilleux et partout le dédain pour les choses communes.

Il ne traitait encore que les maladies externes, la goutte et les rhumatismes, que déjà la jalousie et le fanatisme lui suscitèrent des ennemis. Les médecins, les vétérinaires et leurs adhérents s'armèrent contre lui et finirent par porter des plaintes aux autorités. MM. les curés déclamèrent et lancèrent des anathèmes du haut de la chaire contre l'art diabolique du jeune Priessnitz, qui n'opposa jamais à ses ennemis d'autre bouclier que ses nombreuses cures, son désintéressement et la charité la plus exemplaire. — Mais, si le clergé a depuis long-temps cessé de lui être hostile, a reconnu son erreur, et est devenu son plus chaud partisan, il n'en a pas été ainsi des gens de l'art. Ceux-ci, pendant treize ans, n'ont cessé de l'attaquer, de le dénoncer comme pratiquant la médecine et l'art vétérinaire d'une manière illicite et dangereuse. Il s'en est suivi plusieurs enquêtes qui toutes ont tourné à l'avantage et à la gloire de M. Priessnitz, qui a obtenu enfin, en 1830, l'autorisation, tant désirée des amis de l'humanité, d'avoir chez lui un établissement de bains froids et d'y traiter les malades au moyen de l'eau froide seulement. — Depuis lors M. Priessnitz est non seulement en paix avec tout le monde, mais encore il recueille le fruit de ses généreux et constants efforts. — Il est arrivé, dans sa 37ᵉ année, sans être pour ainsi dire sorti de son vallon, à l'apogée de sa gloire, au point culminant de la considération. Les princes et les grands de l'Allemagne viennent le visiter ; les gazettes sont remplies de son nom ; les poètes chantent ses louanges, portent aux nues son système ; les auteurs font des brochures dont les éditions se succèdent ; ses portraits, les vues de son vallon, se vendent dans toutes les grandes villes de l'Allemagne et la foule des malades va toujours croissant.

Cet état prospére, est le fruit de vingt années de persévérance, de travaux et la conséquence peut-être de ces cruelles blessures dont il portera toute sa vie les stigmates. Quoique son éducation se soit faite dans les montagnes, en hersant son sillon, en menant paître au champ son troupeau, son extérieur n'a rien d'agreste non plus que son langage ; ses manières sont agréables et pleines de politesse. — Sa femme, comme lui, en contact journalier avec des personnes bien élevées, en a la grace, l'amabilité et ses enfants sont tenus avec beaucoup de décence et grandissent au milieu de la société, dont ils font le charme.

II.

Graefenberg, sa situation, son établissement Hydrosudopathique.

Graefenberg dont le nom retentit aujourd'hui dans toute l'Allemagne, est situé, 1800 pieds au-dessus du niveau de la mer, dans un des vallons escarpés du Hirschbadkamm, l'une des hautes sommités de la Silésie Autrichienne, 600 pieds plus haut que la petite ville de Freiwaldau qui gît à sa base ; et à une égale distance, 5 meilen environ, des deux forteresses prussiennes Glatz et Neisse.* — De ce hameau de 17 feux, dont les premiers habitants ne remontent qu'à la génération qui s'éteint, la vue s'étend sur un cercle de hautes montagnes où paissent le cerf et le chevreuil et plane tout à la fois sur Freiwaldau et l'étroite et fertile vallée de la Bielau, rivière qui jadis chariait au loin, sans fruit pour l'humanité, les eaux bienfaisantes du vallon de ce nouvel Hippocrate, qui vient au XIXᵉ siècle modifier notre régime, réformer la médecine, lui montrer qu'elle s'égare

* La voie la plus facile pour se rendre à Graefenberg, venant de la France, serait de passer par Breslau et Neisse.

et prouver par les faits les moins irrécusables que ce n'est pas en affaiblissant, mais en fortifiant les malades qu'on parvient à les délivrer de leurs maux.

Nous avons vu plus haut comment, dès son adolescence, il était parvenu à s'assurer de la vertu de l'eau et à s'en servir avec succès pour combattre les maladies des hommes et des animaux.

Si nous ne l'avons pas suivi dans toutes ses expériences, c'est parce que nous avons pressé de montrer l'ensemble de ses résultats et de faire connaître une découverte, peut-être la plus importante qui ait été faite au profit de l'humanité. — On ne sait ce qu'on doit le plus admirer de ce précieux mode de traitement ou de la persévérance avec laquelle il a été conduit.

Bien peu d'hommes nous semblent capables de poursuivre pendant vingt ans une seule idée, de la soumettre de mille manières différentes au creuset de l'expérience, et d'en faire sortir un plus beau faisceau de preuves en faveur de son utilité.

C'est au milieu de sa fertile exploitation rurale, située dans la partie supérieure du vallon, que M. Priessnitz a successivement fait construire, ces années passées, trois grandes maisons pour y recevoir et traiter les malades. Si l'arrangement intérieur laisse encore beaucoup à désirer, on y trouve au moins les choses les plus essentielles et un luxe de propreté culinaire qui dédommage du reste. — Ce ne sont ni les commodités ni les agréments de la vie de Graefenberg (que peu de nos lecteurs seront dans le cas de visiter), que nous nous attacherons ici à décrire. On ne peut guère s'attendre à y trouver toutes les jouissances d'Ems et de Karlsbad ; d'ailleurs on'ne vient point ici pour son plaisir et le temps s'y passe tout autrement que dans les lieux de bains. Là, on se réunit le matin autour d'une source ; on se promène, puis on déjeûne, on dîne, on fait des parties et le soir on danse ou l'on joue. — Ici, l'occupation tient lieu de tout. Chacun travaille à sa cure et la journée est souvent trop courte pour faire tout ce qu'elle exige. — D'abord, commence à 4 heures du matin la transpiration qui dure jusqu'à 9 ou 10 ; ensuite vient le bain, la promenade, le déjeûner, la douche ou le bain de siége, puis le dîner à midi. — Après le dîner, la promenade, la transpiration, le bain, le soupé, le bain de siége, le bain de pied, etc., et enfin on se couche à 10 heures pour recommencer le lendemain à 4 heures.

La cure de Graefenberg est une cure laborieuse, héroïque, elle ne laisse au malade aucun loisir. S'il n'est occupé à une chose, il est occupé à une autre et toujours dans un sens utile à l'amélioration de sa santé, à l'augmentation des forces si nécessaires pour supporter les crises qui sont inévitables dans la plupart des maladies graves. En général tout ici tend à fortifier le corps, à vivifier la peau, à reproduire les maladies mal guéries, à développer le germe de toutes celles qu'on a en soi, à pousser au dehors les virus et matières morbifiques, non à la manière des médicaments, mais d'ordinaire en couvrant le corps d'éruptions, d'élevures, d'aposthèmes, toutes choses qui ne peuvent être l'affaire d'un jour; aussi n'est-il guère possible de déterminer d'avance la durée du traitement de chacun. Pour se livrer à cette cure et en recueillir les fruits, il faut du temps, de la patience, et de la persévérance. La déesse Hygie accorde à l'Hydrosudopathie toutes ses faveurs, c'est chose dix-mille fois prouvée; mais on doit les acheter par son courage, par 2, 3, 4, 5, 6, 7, 8 et 10 mois d'épreuves et savoir quelquefois supporter la fièvre et les souffrances passagères qui la provoquent. Je veux parler ici des cas graves, de ces maux qui ont résisté à tous les efforts de la médecine ordinaire *; car la plupart des maladies, prises dans leur principe, ne demandent souvent que quelques heures et tout au plus quelques semaines pour être complètement guéries.

Toutefois les difficultés que cette cure présente n'en éloignent pas les malades, la perspective d'une sûre et parfaite guérison en augmente chaque année le nombre. En voici le chiffre depuis 1830; car jusque là, la sollicitude désintéressée de M. Priessnitz ne s'était guère étendue qu'aux habitants des campagnes, avec lesquels il a fait toutes ses expériences et auxquels il continue ses soins sans aucune sorte de rétribution; mais dans l'établissement qu'il a été autorisé à former, se réunissent des personnes appartenant aux classes élevées, pouvant satisfaire à leurs dépenses.

Années.	Nombre de personnes inscrites.
1830	54.
—31	64.
—32	118.
—33	206.
—34	256.
—35	342.
—36	469.

* Tel que la goutte, les rhumatismes, les fistules, les maladies de peau, les maladies secrètes invétérées, la carie des os, les pituites intestinales, les hémorroïdes, les fleurs-blanches, le cancer, les mauvaises circulations de sang, les membres perclus, tremblants, desséchés, etc., etc.

La progression de ce chiffre montre assez la faveur dont jouit l'établissement de Graefenberg, à l'extension duquel se refuse le propriétaire. Ses motifs sont nobles : se devant à chacun de ses malades, il lui deviendrait impossible de diriger leur cure si le nombre s'en multipliait à l'infini.
— 250 personnes au plus pouvant à la fois trouver place, tant dans le hameau que dans l'établissement même, on se fera facilement une idée de la difficulté qu'on a eue à s'y caser l'année dernière, pendant la belle saison. Aussi la petite ville de Freiwaldau en a-t-elle profité pour former une succursale dans laquelle on reçoit les malades qui ne peuvent être admis à Graefenberg.

Cette succursale n'est pas la seule : plusieurs autres établissements viennent de s'élever en divers lieux; d'autres se préparent et partout ce sont des médecins qui les ont formés : voici les noms de ceux qui sont parvenus à notre connaissance, et que nous avons visités :

1° M. le docteur Emel, à Kaltenleitgeb, près du village Rodaun, à deux heures de Vienne.

2° M. le docteur Niderfuhe, à Kantzendorff, près de Neurode, dans le comté de Glatz.

3° Le docteur Lehmann, dans la propriété de M. Schaubert, à Obernik, près Trebnitz à 3 meilen de Breslau.

4° Plusieurs autres, nous assure-t-on, sont à la veille de s'ouvrir en Bavière, en Saxe, en Wurtemberg, etc.

III.

Procédés de la Cure Hydrosudopathique.

La cure hydrosudopathique est en dehors de tous les systèmes connus de médecine. Elle ne se rattache à aucun d'eux, ni par le fond, ni par la forme. Elle est tout entière le fruit d'une idée nouvelle, de l'expérience et de l'observation. L'auteur, sans sortir de son vallon est parvenu à des résultats qui étonnent, qui subjuguent tous les témoins des cures qu'il opère. Son diagnostique égale sa confiance dans la puissance des moyens qu'il emploie. Il a fait, depuis vingt-deux ans, sa seule occupation de l'art de guérir. L'eau, la transpiration et les frictions sont ses éléments, on pourrait presque dire les seules choses qui le touchent, qui sachent lui pincer la fibre.

Absorbé dans cette grande pensée, jamais il ne s'est laissé distraire par les bourdons de sa contrée. Cette conduite sage et mesurée lui a concilié, l'estime, la considération dont il jouit et fait prévaloir, à la cour de Vienne*, comme partout, le mode de traitement qui nous occupe.

1° Régime. — Avant de décrire les divers procédés de cette cure, nous allons dire quelques mots du régime, qui nous semble reposer sur des bases non moins nouvelles que le traitement lui-même.

De tous les êtres qui se meuvent sur la terre, l'homme est le seul qui sache se nourrir d'aliments chauds; mais cette connaissance lui est-elle utile? M. Priessnitz pense le contraire et s'appuie sur des faits qui ne laissent aucun doute dans notre esprit. — L'homme étant sujet aux mêmes lois que les animaux, ne peut manquer aussi d'éprouver les mêmes altérations dans les organes digestifs. Ainsi deux porcs qui ont été nourris, l'un d'aliments froids et l'autre d'aliments chauds, présentent cette différence que l'estomac et les intestins du premier sont blancs et forts, que ceux du second sont en dedans d'un jaune brun, ont perdu leur élasticité, se déchirent comme du papier et ne peuvent être employés à la charcuterie. La chair même de l'animal en est mal saine. Les vaches auxquelles on donne une nourriture chaude ne fournissent non plus un lait, ni aussi bon ni aussi abondant. Enfin, il est prouvé par des expériences comparatives de 10 années que le bétail nourri de choses chaudes ** est sujet à beaucoup plus de maladies que celui qui ne reçoit que des aliments froids. — Ces diverses expériences servent de corollaire à une foule d'autres observations de notre cher Hypocrate qui, dès sa dix-huitième année, expérimentait sur le froid et le chaud sous le rapport hygiénique. Il avait déjà vu que le froid et le grand air donnent de l'appétit; que l'air renfermé et les grandes chaleurs nous en privent; que les boissons froides vivifient et que les boissons chaudes énervent. La foule des malades, qui dès-lors encombrait sa maison, lui fournit de nombreuses occasions d'exercer son jugement et de s'assurer lequel des deux régimes, froid ou chaud, devait prévaloir.

* En ce moment (mars 1837) il a l'honneur de traiter, dans son établissement, le frère du Prince régnant de **.

** On lui fait en Allemagne une sorte de soupe avec des pommes de terre, des betteraves, etc. et du sel. Quand elle est cuite, on la verse dans des auges sur de la paille hachée.

Le régime froid a prévalu pour lui, sa famille et ses malades. Toutefois, par une concession faite aux habitudes de ces derniers, le régime froid n'est pas absolu : le dîner dans son établissement se compose d'aliments chauds et d'eau froide pour boisson.

Mais le déjeûner et le souper n'ont rien de chaud; ils consistent, l'un et l'autre, dans du lait frais, lait exquis des montagnes, du pain et du beurre.

La boisson obligée, la seule en usage à Graefenberg, est une eau de source claire et limpide comme le cristal, une eau délicieuse, froide en été comme en hiver. La règle est d'en boire 4 à 6 carafes, c'est-à-dire 16 à 24 verres dans le courant de la journée et lors des repas pour activer et faciliter la digestion qui se fait toujours bien quelques soient les aliments, s'ils sont noyés dans ce liquide. Aussi sur la table de M. Priessnitz, se servent impunément des viandes réputées indigestes et jamais personne à notre connaissance n'en a ressenti la plus légère incommodité. — Si le régime de Graefenberg était plus léger et tel que le veulent MM. les médecins, il ne serait d'abord ni assez substantiel, ni capable d'augmenter les forces si nécessaires pour supporter la cure et les diverses crises dont nous serons dans le cas de parler.

En général, M. Priessnitz recommande à ses malades de bien manger, de manger de tout et de boire beaucoup en mangeant; d'abord parce que l'eau refroidit les aliments et que l'estomac rempli d'eau ne se charge jamais trop de nourriture. Les véritables adeptes ne mangent jamais de soupe, ou la mangent froide. Une des raisons qui le portent à laisser manger toute chose pendant la cure, *excepté les mets épicés*, c'est afin que ses malades, de retour chez eux puissent ne pas être incommodés d'une nourriture plus forte, ce qui arriverait très certainement, si leur estomac avait été pendant plusieurs mois soumis à un régime sévère.

2° LA TRANSPIRATION; — La transpiration est l'ame de la cure et l'un des principes de l'Hydrosudopathie. Sans la traspiration la cure de Graefenberg serait imparfaite. L'eau réduite à elle-même serait insuffisante dans une foule de cas; mais unie à l'exsudation, elle devient un puissant véhicule pour pousser à la peau les humeurs peccantes. — Les sudatories ou étuves des anciens, celles des Russes, des Grecs, des Turcs, etc., nous montrent que toutes les nations ont connu et connaissent les bons effets de la transpiration. Mais l'art de la provoquer, de l'activer et d'y mettre fin sans prostration ni danger, est une découverte précieuse, qui méritera à M. Priessnitz la reconnaissance des siècles.

Dans son établissement on ne fait usage pour exciter la transpiration ni d'étuve ni de chaleur artificielle. Chacun transpire dans son lit, c'est-à-dire sur son lit, dans une couverture de laine, sans draps ni chemise. On étend la couverture de manière qu'elle tombe plus dans la ruelle que sur la rive; qu'elle dépasse le pied du lit et qu'elle ne puisse former, tout en couvrant bien les épaules et le col, le moins gros bourrelet possible sous le menton du malade, qu'on enveloppe d'abord avec cette partie de la couverture qui tombe sur la rive. On commence par la pointe supérieure qu'on passe sur la poitrine et qu'on fixe sous les épaules. On passe ensuite à la partie inférieure qu'on enroule autour des jambes et des pieds, auxquels on fait une sorte de bonnet phrygien bien serré du bout de cette même partie de la couverture. On croise enfin la seconde partie sur la première, en commençant toujours par la pointe supérieure que l'on coule sous les épaules; puis on enfonce avec les mains le bord de la couverture sous le malade, on l'enroule autour des jambes et des pieds avec beaucoup de soin. Quiconque a l'habitude d'emmailloter les enfants s'acquittera avec succès de cet emballage, qui demande du reste assez d'intelligence. — Si le malade a placé ses bras des deux côtés de son corps pendant l'opération, il lui sera facile de les mouvoir ensuite sans déranger la couverture. — Comme elle serait insuffisante pour concentrer la chaleur naturelle du malade, on ajoute un lit de plume, et quelquefois deux s'ils sont peu fournis, qu'on presse fortement autour de son corps; d'abord en plaçant l'extrémité supérieure sous le menton; en poussant les coins sous les épaules, autour des pieds, et en croisant les bords sous le malade, qui est couché sur le dos et obligé de garder cette position et de ne pas faire trop de mouvement, sans quoi le lit de plume venant à se déranger, il faudrait avoir là quelqu'un auprès de soi pour réparer le dommage; ce qui n'est pas toujours possible. — Nous avons obvié à ces divers inconvénients par l'addition d'un lacet qui rend notre propre emballage tout-à-fait compacte et nous permet de nous tourner en tous sens, sans en troubler l'harmonie. A cet effet, nous avons placé sous le lit de plume, sur lequel nous couchons, quatre cordons sans fin. Ainsi, lorsque l'emballage ordinaire est fini, on passe le lacet dans ces cordons qui, rapprochant le lit de plume inférieur des lits de plume supérieurs, donne à tout le système le degré de solidité désiré. — Pour le rendre plus facile encore, nous nous faisons couvrir les épaules comme d'un schall, avec le bout de ce lit de plume inférieur, dont les pointes sont ramenées sur notre poitrine et maintenues dans cette position à l'aide du lacet. — Quand l'opération est terminée, on s'assure si le corps n'est pas trop à l'étroit dans son étui, si le col et la poitrine ne sont pas trop serrés; quelques mouvements suffisent pour se procurer un peu de large.

Indépendamment de cet objet nous avons aussi trouvé moyen de ménager notre poitrine : chacun appele et crie de son lit quand il a besoin de son serviteur; mais souvent ce serviteur est loin, ou il n'entend pas, il faut crier encore. — Une sonnette était une chose utile. Mais comment s'en servir quand on a les mains empaquetées aussi bien que le reste du corps?

Après avoir fait placer une sonnette comme il y en a dans toutes les chambres à coucher, nous avons résolu ce petit problème en fixant, à la tête de notre lit, un anneau dans lequel passe le cordon de la sonnette, dont le bout descend sur notre poitrine. Ainsi, grâce à ce cordon qu'on emballe avec nous, grâce à l'angle-obtus que forme notre anneau, nous sonnons sans difficulté et nous sommes dispensés d'appeler.

Les oreillers sont aussi l'objet de l'attention des serviteurs de Graefenberg : ils les compriment pour mieux assujettir la tête qui doit conserver une certaine élévation.

Lorsque la sueur s'est manifestée, qu'elle commence à ruisseler sur le corps, on donne de l'air au malade, en ouvrant soit la porte, soit la fenêtre et on lui donne à boire toutes les, 10, 15, 20, ou 30 minutes. — Au commencement de la cure on ne boit que 1/4 de verre d'eau à la fois. Dans la suite on en boit un verre entier. — Il faut, pendant un instant, après avoir bu, se frotter les mains l'une contre l'autre, cette action développe de la chaleur et porte à la peau.

La durée de la transpiration varie selon les cas : tel ne transpire, parce qu'il est faible, que 1/4, 1/2, 3/4 d'heures; tel autre peut le faire 1, 2, 3, 4, 5, 6 et 7 heures de suite. En général on transpire peu au commencement de la cure. — La durée de la transpiration ne se compte que du moment où elle s'est manifestée et non de celui où le malade est empaqueté. — Il y a des individus chez lesquels la sueur est tellement abondante qu'elle pénètre tout le lit et tombe dans des vases placés dessous pour la recevoir. Nous en avons vu recueillir 2 à 3 bouteilles à la fois sous le lit de M. de Kajary et également sous ceux de MM. Fetter de Limberg, de Fleigel et de beaucoup d'autres dont il serait fastidieux de rappeler ici tous les noms. On sert ordinairement à déjeuner dans leur lit aux personnes qui transpirent long-temps. C'est-à-dire qu'on leur fait manger une beurrée et boire un verre de lait frais. — L'eau ne doit pas être long-temps gardée dans l'appartement ; il faut la boire s'il est possible fraichement puisée à la source. En séjournant dans la carafe, elle perd de sa saveur et de son carbone.

Afin de boire aussi souvent et aussi peu à la fois que nous le desirons, nous avons imaginé de suspendre, à l'aide d'un chevalet, un petit seau; en forme de cône, au-dessus de notre lit. À ce seau est adapté, dans sa partie inférieure, un tube d'aspiration. A ce tube, long de deux pieds est fixé un fil de soie qui, passant sous notre menton, nous sert à abaisser le tube. Nous avons placé un contre-poids de l'autre côté du seau qui le porte à reprendre sa position verticale, aussitôt que nous avons bu. Ce seau, entre les bras du chevalet, repose sur un cordon placé horisontalement. Ce cordon l'empêche de vaciller et conserve la direction au tube que nous n'avons qu'à abaisser pour nous en servir.

Notà. Nous avons substitué au seau un vase en verre.

3° GRAND BAIN OU BAIN DU BASSIN ; — La manière de quitter son lit, de mettre fin à la transpiration n'est pas moins extraordinaire que celle de l'activer. Le moment étant venu, on débarrasse le malade de ses lits de plume ; on lui met aux pieds des pantoufles de jonc, on l'assied sur le bord de son lit, toujours dans sa couverture ; puis on lui présente de l'eau froide avec laquelle il se mouille lui-même le front et la poitrine et s'étant enveloppé la tête et le corps de cette même couverture, il descend ainsi enveloppé deux étages. Arrivé au bord du bassin, il jette sa couverture de côté, se mouille la tête et la poitrine et s'y plonge tout couvert de sueur quelque soit la saison.

Ce bain, ne dure le premier jour, que le temps de s'y plonger. On a hâte d'en sortir, tant la sensation est pénible; mais insensiblement la peau se fortifiant, on y reste 1/2, 1, 2 et 3 minutes.

La température de l'eau n'a jamais, dans les plus grandes chaleurs, au-delà de 7 degrés Réaumur. En hiver elle descend jusqu'à 2, et dans les froids de 15 à 20 degrés, presque au point de congélation.

Cette eau, prise à diverses sources, est amenée dans l'établissement, des parties supérieures de la montagne par des conduits perforés. Elle parcourt sous terre, dans ces tuyaux, environ 1300 toises.

4° BAINS DES COMMENÇANTS. — Ce que nous venons de dire

ne concerne que les malades déjà familiarisés, ou à-peu-près, avec la cure; car ceux qui la commencent ne se plongent pas immédiatement dans le bassin d'eau vive. Ils mettent fin à la transpiration dans une baignoire, au fond de laquelle on a versé 2 à 3 pouces d'eau et dont on a élevé la température de 12 à 16 degrés. C'est dans ce peu d'eau, que le malade réchauffé encore de sa chaleur naturelle, que, pendant une minute, il s'éponge et se frotte en même temps tout le corps, dans le but de vivifier la peau et d'activer la circulation. — Cette sorte de noviciat dure environ une semaine pour la majorité des malades et subit quelques modifications : les deux premiers jours, on se mouille, on se frotte, on s'essuie, on s'enveloppe de sa robe de chambre et on va s'habiller. Les deux jours suivants on quitte un moment la baignoire pour essayer l'eau du bassin, puis on rentre dans la baignoire, dont l'eau semble chaude comparativement à celle du bassin. Le cinquième et le sixième jours, on passe de la baignoire dans le bassin sans retourner dans la baignoire, et le septième enfin, sans plus d'intermédiaire, on se plonge dans le grand bassin que redoutent les néophytes. Il est pour eux un objet d'épouvante, comme il le fut pour nous qui, de notre vie, n'avions pris de bains froids.

Lorsque les malades ne sont pas en état de marcher, on transporte dans leur chambre une autre baignoire, dans laquelle ils mettent fin à la transpiration en s'épongeant et se frottant comme nous venons de le voir. — La quantité d'eau est la même, ainsi que la température.

Bains de crise. — Le bain est le même que le bain des commençants. Nous ne le différencions que pour nous rendre plus clairs, lorsque dans la suite nous serons dans le cas d'en parler. — Dans les fortes crises, c'est dans ce bain que les malades mettent fin à la transpiration, où, ils se lavent et se frottent en sortant du lit, s'il ne leur est pas permis de transpirer.

5° BAINS DE SIÉGE. — Le bain de siége fera fortune en France, car il est déjà tout acclimaté, mais sous un autre nom. A Paris il est le bain le plus usité des petits maîtres, des jolies femmes et de toutes celles qui, sans l'être positivement, recherchent la propreté et tiennent à conserver longtemps leur fraicheur et l'éclat de leur teint. — Il y a cependant cette différence qu'à Paris on s'assied dessus pour quelques instants et qu'ici on s'assied dedans pour 20 minutes, 1/2 heure, 1 heure, selon le cas. C'est-à-dire jusqu'à ce que la chaleur se manifeste de nouveau dans la partie immergée.

Le meuble est ici simplement un baquet en bois de sapin, il n'est élevé au-dessus du sol que de 4 pouces et 1/2; son diamètre ordinaire est de 18, et ses parois sont de hauteur différente : la partie qui sert de dossier a en dedans, 12 pouces et 1/2; celle qui lui est opposée 7 et 1/2. — Une fois assis dans ce baquet et dans les 2 ou 3 pouces d'eau froide qu'on y verse, on se lave comme dans un bidet; l'on se frotte en se mouillant de temps à autre le bas-ventre. — Tel est le bain de siége, le bain quotidien de Graefenberg, bain auquel on reconnaît une foule de propriétés. Essayons de les énumerer :

1° Le bain de siége fortifie les organes de l'abdomen, active la circulation du sang et la prive de toute chaleur fébrile.

2° Il est d'un grand secours dans les rétentions d'urine, les crampes d'estomac, le cancer, les hémorroïdes, les fleurs blanches, le choléra, etc.;

3° Il sert d'excitant; il attire les humeurs, les divise, leur donne une autre direction, vivifie les parties génitales; etc. Si pendant la durée de ce bain, il advenait des congestions au cerveau, il faudrait immédiatement appliquer un linge mouillé sur la tête.

Le moyen de diminuer la durée du bain de siége et des bains de pieds dont nous allons parler, est de se bien couvrir; car alors la chaleur du corps réagit sur la partie immergée et le calorique qu'elle dépense lui est plus promptement restitué. — Plus jeune est le malade, moins de temps il faut pour produire cette réaction : au jeune âge la chaleur du sang est naturellement plus intense que dans la vieillesse.

6° BAINS DE LA PLANTE DES PIEDS. — Il se prend dans 1/2 pouce d'eau froide et ordinairement dans le baquet du bain de siége. — On se frotte les pieds l'un contre l'autre pendant le bain et mieux encore avec les mains si l'on n'a personne pour en remplir l'office. Les pieds ne tardant pas à réchauffer cette petite quantité d'eau, qui quelquefois est toute absorbée et dépensée par l'action du frottement, la durée de ce bain est fort courte.

7° BAINS AU-DESSOUS DE LA CHEVILLE DU PIED; — Il se prend dans le même vase et de la même manière que le précédent. Les frictions sont d'usage dans tous les bains.

8° BAINS AU-DESSOUS DU GENOU; — A mi-cuisse et jusqu'à l'aine. — Il se prend dans un baquet fait exprès, haut et étroit, aussi souvent d'une jambe que de deux, car s'il n'y a qu'une jambe de malade, c'est elle qu'on cherche à fortifier, ainsi on la baigne seule. Pour prendre le bain de cuisse, on s'assied sur une sorte de chevalet placé sur le haut du baquet. Ce bain dure ordinairement 3 à 4 heures, c'est-à-dire jusqu'à ce que la jambe ait reconquis toute sa chaleur ou à peu près.— Les frictions étant recommandées, comme nous l'avons dit, dans toute espèce de bains, on sort de temps à autre la partie immergée pour la frotter. Après ce bain, comme après tous les autres il faut marcher si l'on peut, car la partie immergée qui ne sentait plus de froid dans l'eau en éprouve ensuite que l'exercice dissipe promptement.

9° Bain de tête; — Au-dessus de la nuque. On prend ce bain en se couchant sur le dos, la tête renversée dans une cuvette ou une assiette à soupe.

10° Bain de visage; — On se plonge le visage dans une cuvette tantôt d'un côté, tantôt de l'autre et l'on se frotte le visage de temps à autre.

11° Bain de nez; — On se met le nez sur une cuvette on aspire, on renvoie l'eau aspirée et l'on se frotte comme dans tous les bains.

12° Bain d'yeux; — On se plonge la figure dans l'eau et on frotte les paupières.

13° Bain de bouche. — Ce bain consiste à prendre, à agiter de l'eau froide dans la bouche et à l'y garder jusqu'à ce qu'elle soit chaude, puis on en prend de nouvelle.

14° Bain d'oreilles. — On se met l'oreille dans une cuvette et on la frotte de temps à autre.

15° Bain de main et de bras. — On place la main ou le bras dans une cuvette et on frotte de temps à autre. Ce bain est comme les bains de pieds, il faut y laisser la partie malade jusqu'à ce que la chaleur y renaisse.

La théorie des divers bains, dont nous venons de parler, est la même que celle du bain de siège. Dans ces bains il y a action et réaction : l'eau froide soustrait la chaleur des parties immergées, la circulation répare ces pertes et fournit à ces mêmes parties de la force en même temps que de nouveau calorique; mais cette déperdition de chaleur active tous les fluides, agit sur les humeurs, les déplace, les attire vers la peau, surtout vers les extrémités, et produit ce que nous voyons à Graefenberg, des éruptions de toute espèce.

16° Douches. — Il y a à Graefenberg deux sortes de douches : celles de l'établissement, qui ne sont pas disposées de manière à produire un grand effet, et les douches de la forêt, douches par excellence, mais qui ne sont pas en usage toute l'année. La raison en est qu'elles sont placées dans la montagne à une demi-heure de chemin de l'établissement et que rien ne les garantit des injures de l'air. Elles sont au nombre de cinq : trois pour les hommes et deux pour les dames. Elles sont servies par une source abondante dont la température s'élève de 3 à 6 degrés au plus. L'eau arrive dans les lieux préparés pour en recevoir l'action, par des augets suspendus, desquels elle s'échappe à dix ou douze pieds du sol, sous un volume d'un pouce et demi de diamètre. — Le malade présente à cette colonne d'eau toutes les faces de son corps et en dirige particulièrement l'action sur les parties souffrantes. On ne doit doucher que faiblement la tête et la poitrine. — Cette manœuvre dure ordinairement 5 à 6 minutes, quelquefois 8 et 10, et dans des cas particuliers 15, 20, 30 et jusqu'à 60. On sort de là le corps dispos et rouge comme une écrevisse. On s'habille, on descend la montagne à grand pas, si on le peut toutefois, et de retour à l'établissement, on est tout étonné de se trouver en transpiration.

Les douches sont particulièrement utiles dans les maladies mercurielles, rhumatismales, goutteuses, hémorroïdales, dartreuses, scrofuleuses, etc., etc. Elles remuent les humeurs, les attirent à la peau, en provoquent l'évacuation à l'aide de la transpiration et des crises toujours si désirées des malades. L'effet des douches est plus prompt et plus salutaire au printemps qu'en automne. En général les cures difficiles se font mieux à la fin de l'hiver et au printemps que dans le reste de l'année.

17° INJECTIONS INTESTINALES. — Le bain intestinal, ou clystère, qui se compose d'un verre d'eau froide, a de nombreuses propriétés; elles se manifestent particulièrement dans les diarées, les constipations, les flatulences, le choléra, les inflamations d'entrailles. M. Priessnitz compare l'effet du clystère d'eau froide, dans ce dernier cas, à celui de l'eau dans un incendie. — Tant qu'on ne conserve le clystère que quelques minutes, il fait peu d'effet. Il faut arriver à le retenir 10 à 15 minutes. Alors non seulement les effets en sont salutaires, mais bientôt les intestins l'absorbent entièrement et on n'en voit plus vestige. Lorsqu'on est parvenu à ce resultat, pour que la cure soit complète, il faut en continuer l'usage pendant un mois et l'année suivante reprendre de nouveau le même bain intestinal. C'est ordinairement le soir en se couchant que l'on prend ce bain. Si on fait entrer 3 pouces de la canule dans l'anus, on conserve le clystère avec plus de facilité, il en est de même lorsqu'on le prend étant couché sur le côté.

18° INJECTIONS DE LA MATRICE. — Elles s'opèrent à l'aide de l'eau froide, à la manière du bain intestinal. Elles sont employées dans toutes les maladies de cet organe, le cancer, les fleurs blanches, etc.

19° Ceinture mouillée. — Les malades, dont l'estomac et le bas-ventre ne sont pas en ordre, portent une ceinture mouillée. — Cette ceinture n'est autre qu'un essuie-main long de 5 pieds environ. On en mouille 15 à 18 pouces, c'est-à-dire autant qu'il en faut pour couvrir l'abdomen; et le reste, qu'on en roule autour du corps, vient recouvrir la partie mouillée et un peu pressée. La sensation du froid est à peine sensible : elle dure un instant et est presque immédiatement remplacée par un sentiment de chaleur qui fait plaisir. On garde cette ceinture le jour et la nuit et on ne la renouvelle que lorsqu'elle est tout-à-fait sèche. Cette ceinture fortifie l'abdomen et active la digestion. Elle est précieuse contre les crampes d'estomac, etc., etc.

20° Compresses mouillées. — Les linges mouillés ne diffèrent en rien de la ceinture mouillée. Leur application repose sur le même principe. On s'en sert dans toutes les inflammations de poitrine et autres, sans les recouvrir de compresses sèches; car alors leur action est de soutirer la chaleur. Dans ce cas, on les renouvelle toutes les 5 minutes. — Lorsqu'au contraire, elles sont employées à appeler la chaleur, à la concentrer sur un membre endurci, rétréci ou à couvrir des plaies, des éruptions ou toute autre partie du corps non enflammée, il faut les couvrir de compresses sèches et ne les renouveller que lorsqu'ils sont devenus secs. La merveilleuse utilité des linges mouillés est facile à constater.

21° Drap de lit mouillé. — Nous avons montré la manière dont les malades se font emballer dans une couverture; c'est ici le même cas : on se fait emballer dans un drap de lit mouillé et pressé. A cet effet, on place le drap sur la couverture et le malade se couche sur le drap, dont on recouvre avec soin toutes les parties de son corps. Puis on procède à l'emballage comme de coutume. Dans l'inflammation des poumons on renouvelle ce drap six fois dans une heure, c'est-à-dire toutes les dix minutes. Il en est de même dans toutes les maladies aiguës. Dans d'autres cas il suffit de les renouveller deux ou trois fois par heure et toujours lorsqu'ils sont secs. Pour plus de clarté, nous citerons des exemples de l'emploi du drap mouillé, dont les propriétés sont aussi nombreuses qu'admirables.

22° Frictions humides. — Les frictions humides qui ont servi de point de départ à l'auteur de l'Hydrosudopathie, sont employées, comme nous l'avons vu, dans les bains externes. Dans tous, on se frotte pour fortifier les parties malades, développer de la chaleur, activer la circulation et attirer les humeurs vers la peau. On se frotte également sous la douche; et, en outre, dans la plupart des cas, on se frotte encore plusieurs fois dans la journée toutes les parties malades. — En parlant de la transpiration, nous avons dit que c'était l'activer que de se frotter les mains, l'une contre l'autre, après avoir bu; mais il serait mieux encore, et cela est recommandé, de se frotter les parties malades, si elles sont à portée des mains. Les frictions pendant la transpiration sont d'une grande utilité.

IV.

Marche ordinaire de la cure.

Retracer la marche de la cure de Graefenberg devrait être chose facile, car les éléments qui la composent sont peu nombreux: et cependant c'est en quoi nous craignons d'échouer. La difficulté ne gît que dans les procédés: savoir les employer à propos et dans des cas convenables, c'est ce qui fait le mérite de M. Priessnitz, dont la diagnostique et l'expérience sont si précieuses à ses nombreux patients. Beaucoup de gens ont tenté de décrire ce qui se passe dans son établissement, tant dans les journaux que dans de nombreuses brochures, et tous sont restés au dessous de la vérité. C'est qu'il y a dans la pratique de M. Priessnitz quelque chose d'insaisissable. Cela vient de ce qu'il modifie ses procédés, non positivement en raison des maladies, mais plutôt en raison de la force ou de la faiblesse des sujets qu'il traite. Ces modifications sont telles qu'il lui serait impossible, à lui-même, dit-il, d'écrire ou de dicter quelque chose qui pût servir de règle; vu qu'on ne peut connaître d'avance les diverses phases de la maladie, ni prévoir tous les incidents qui peuvent survenir et auxquels il faut obvier. Quand une chose ne réussit pas, dit-il, il faut tourner la cure; c'est-à-dire faire le contraire de ce qu'on a fait, essayer quelque chose d'autre. Toutefois, ce n'est pas à dire qu'on ne puisse parvenir à éclairer cette matière et à doter l'humanité d'un manuel pratique plus parfait que celui que nous avons entrepris. — Qu'une personne, d'un esprit méthodique vienne à Graefenberg, affligée comme nous l'étions, d'une de ces maladies qui ont résisté à tous les efforts de l'art, elle expérimentera sur elle-même, enregistrera tous les faits qui se passeront sous ses yeux et en les comparant entre eux, comme nous l'avons fait nous-mêmes pendant six mois, elle en déduira indubitablement une théorie qui rendra la pratique de l'Hydrosudopàthie facile pour tous. C'est dans ce sens que la découverte de de M. Priessnitz aurait un haut intérêt pour l'humanité et deviendrait la sauve-garde des familles : il est facile d'ailleurs de tenter de nouvelles expériences ou de répéter celles de M. Priessnitz, qui de proche en proche et sans autre guide que la nature, est arrivé à former école et à traiter avec succès les maladies les plus difficiles.

1° M. Priessnitz, comme nous l'avons vu, soumet tous ses malades au même régime, régime sémi-froid et complètement froid dans les cas graves. Ils déjeûnent en sortant du bain, dînent à midi et soupent à 7 heures.

2° Leur boisson est de l'eau pure fraichement puisée à la source. Chacun dans le cours de la journée en boit de 4 à 6 carafes, c'est-à-dire de 16 à 24 verres, un peu plus, un peu moins, selon la disposition ou la volonté.

3° La transpiration et le bain qui la suit immédiatement, le bain de siége, la douche quand la saison le permet (la ceinture mouillée sur l'abdomen), la promenade après chacun de ces bains, soit dans la salle si le temps est mauvais, soit à l'air libre si le temps est beau, voilà, à peu près, ce qui constitue, avec les repas, l'emploi de la journée de la majorité des hôtes de Graefenberg.

4° La moitié des malades transpire deux fois ; le matin de 5 à 10 heures et dans l'après-midi de 3 à 7. — Beaucoup transpirent jusqu'à 11 heures ou midi pour en être dispensés le soir. = Ceux qui ne transpirent que jusqu'à 9 et 10 heures vont à la douche ou prennent un bain de siége avant dîner. Les autres y vont de 2 à 4. — Les héros de la cure, c'est-à-dire les plus aguerris ont douché, en 1836, jusqu'au 20 décembre. En 1837, ils douchaient déjà à la mi-février, quoique la terre fut encore couverte de neige et que les glaçons entourassent les douches qui sont sans abris dans la forêt.

5° Ainsi le régime, l'eau, comme boisson, la transpiration, les divers bains pour y mettre fin, les douchés, le bain de siége, la ceinture et les linges mouillés, sont les parties saillantes et ordinaires de la cure. Mais la série des procédés que nous avons indiqués dans l'article précédent, suppose des cas, où ceux dont nous venons de parler ont besoin d'auxiliaires. C'est donc le concours de ces divers procédés, qui constitue la cure proprement dite ; c'est-à-dire, l'art de traiter avec succès la plupart des maladies, lors-même qu'elles sont réputées incurables, comme le sont presque toutes celles qu'on voit à Graefenberg. — Sur les 469 malades, dont les noms figurent sur la liste de l'année dernière, nous pouvons affirmer qu'il s'en trouvait 450 au moins qui avant de venir s'y établir, avaient épuisé sans aucun succès, toutes les pharmacies et les sources minérales de l'Allemagne. — En général, ce n'est qu'après avoir long-temps et vainement fait usage de toute chose, qu'on se décide et que nous nous sommes décidés nous mêmes à entreprendre la cure Hydrosudopathique, cure que nous allons subdiviser en divers degrés, fin d'en rendre l'explication plus claire et l'application plus facile.

Premier degré. — Tout malade, qui a de l'appétit, qui dort passablement et ne transpire pas pendant la nuit, ce qui serait un signe de faiblesse, est immédiatement admis à pratiquer la cure du premier degré, la cure ordinaire, dont les procédés sont : 1° la transpiration; 2° le bain; 3° la douche; le bain de siège. — Ces divers procédés quotidiens qui sont également ceux du second degré avec quelque modification, ont un ordre progressif et gradué, qu'on observe avec soin afin d'éviter toute perturbation : la nature, lente dans ses œuvres, laisse grossir le bouton avant de faire éclore la rose. — Ce traitement, qui est d'ordinaire fort court dans les maladies récentes, et fort long dans les maladies invétérées, exerce d'abord une action favorable : 1° sur la peau, en la vivifiant; 2ᵉ sur les forces, en augmentant l'appétit, en activant la circulation; 3° sur la bonne humeur, en prédisposant à l'hilarité; 4° enfin sur la santé même en allégeant les souffrances. En effet, le bien-être qu'éprouveraient la plupart des malades pendant les premières semaines, est tel qu'on les voit rayonner de plaisir; ils se croient quitte de leurs maux qui, au contraire, se développent comme le bouton de rose dont nous venons de parler, poussent à la peau, produisent tantôt des éruptions, des clous, tantôt des panaris, des abcès aux doigts des mains et des pieds, selon la nature du virus et des humeurs que le corps renferme.

Crises. — Ces divers élevures (qu'il faut envelopper de linges mouillés, recouverts de compresses sèches) qui souvent occasionnent des souffrances inouies, sont ce qu'on nomme crises ainsi que tous les maux qui surviennent pendant la durée de la cure. — La nature fortifiée, tendant sans cesse à charier au dehors tout ce qui peut troubler l'harmonie du corps humain, fait de continuels efforts pour rejeter ou porter à la peau les matières morbifiques.

C'est la lutte du bien et du mal. Tant qu'elle subsiste ou qu'elle se renouvelle, il faut persévérer dans la cure; et d'un autre côté, il faut éviter de laisser prendre au mal trop d'empire, de le développer trop rapidement; ce qui arriverait si, par trop de précipitation, on restait plus de temps qu'il ne faut dans le bassin et surtout si on douchait outre mesure; car de tous les procédés de M. Priessnitz, c'est la douche qui excite le plus les humeurs et les met le plus en mouvement. Aussi on en discontinue l'usage pendant les fortes crises. C'est particulièrement dans les maladies goutteuses et mercurielles qu'elles occasionnent les plus grandes souffrances. — Non seulement on ne fait plus alors usage des douches, on ne met plus fin à la transpiration dans le grand bassin, mais on ne provoque même plus la transpiration si elle se manifeste d'elle-même pendant la nuit et si la faiblesse est grande. — Alors on ne fait rien autre chose que de se laver en sortant du lit dans le bain de crise et de se faire envelopper d'un drap mouillé, si on a de la fièvre. Ce drap dans lequel on reste plus ou moins de temps selon le besoin, est renouvellé toutes les 10 minutes. On reste ordinairement dans le dernier, jusqu'à ce qu'il soit sec, c'est-à-dire de 15 à 60 minutes. Si la transpiration survient, on y reste un peu davantage, si on le peut, et on se lave ensuite dans le bain de crise, ou simplement en se faisant verser de l'eau sur le corps dans le baquet du bain de siége.

Deuxième degré. — Nous rangeons dans cette cathégorie tous les malades affaiblis par la maladie. M. Priessnitz les fait d'abord peu transpirer, un quart d'heure, une demi heure, une heure et un peu plus lorsque les forces reviennent; ils mettent fin à la transpiration des semaines entières dans le bain des commençants; lorsqu'ils sont parvenus à se plonger dans le grand bassin, leur cure rentre dans l'ordre ordinaire, c'est-à-dire dans le premier degré. — Nous comprenons dans le troisième degré les contusions, les entorses, les blessures en tout genre dans la guérison desquelles la transpiration n'étant pas utile, on ne se sert que des frictions humides, des linges mouillés, du bain spécial et aussi de la douche dans les cas graves. — Ces divers procédés n'offrant aucune difficulté, ce que nous en avons dit à l'article de chacun d'eux suffit pour en diriger l'application.

V.

Modes d'action de l'Hydrosudopathie.

L'hydrosudopathie est une nouvelle gymnastique, propre à conserver et à rendre la santé.— Pour l'exercer avec succès, il faut se bien pénétrer des principes sur lesquels elle repose, étudier ses modes d'actions sur le corps humain et considérer les agents qu'elle emploie dans toutes les modifications qu'ils subissent. Le *régime*, les *frictions humides*, la *transpiration*, l'*eau froide* et ses diverses applications, sont ce que nous nommons les agents de la cure hydrosudopathique.

Le *régime* est appelé à fortifier les organes digestifs; les *frictions humides* à développer la chaleur vitale dans les parties oblitérées; la *transpiration* à charier au dehors l'acrimonie des humeurs; l'*eau froide* à dégager et développer le calorique, à vivifier les organes, à fortifier le corps, à activer la circulation, à enlever au sang sa chaleur fébrile; enfin, à tirer à la peau les virus et matières morbifiques.

Le *régime* est entièrement froid dans les cas graves, sémi-froid dans les autres. Les *frictions* s'exercent par tout le corps au commencement de la cure pour fortifier la peau, puis sur l'abdomen, pendant les bains de siége, sur les parties affectées, pendant la transpiration et les différents bains. L'*exsudation* ou transpiration est graduée selon la force des sujets : un malade affaibli par les souffrances ne peut transpirer aussi long-tems qu'un homme robuste.

L'*eau froide* dans ses diverses applications a une action attractive, en ce qu'elle se saisit de la chaleur des parties en contact avec elle, qu'elle en dégage le calorique; répulsive, en ce que le sang, à son approche, s'éloigne des parties immergées pour y revenir ensuite avec plus de force et d'activité. — L'eau n'agit sur notre organisation que par affinité, que par les perturbations qu'elle excite. En effet, nous ne lui reconnaissons aucune force curative dans le sens attaché communément à ce mot. Le rôle qu'elle joue dans la cure hydrosudopathique est important sans doute; mais c'est comme agent excitateur. La nature, dans toute sa force, sait se passer de secours; mais dégradée par nos habitudes de luxe, nos boissons, nos aliments chauds, notre intempérance, elle tombe dans l'inertie, elle cesse d'être apte à remplir toutes ses fonctions. Les organes, alors sans activité, s'oblitèrent et donnent naissance à une foule de maladies qui dans l'état de nature seraient inconnues à notre espèce.

Les modes d'action de l'hydrosudopathie ne sont autres que ceux de ses divers agents. Ainsi, en imprimant à la circulation une activité nouvelle, elle augmente la vitalité du corps humain. En attirant à la peau, en chariant au dehors l'acrimonie des humeurs, elle rétablit l'harmonie et le jeu des organes.

De l'emploi simultané des bains froids et de la transpiration naît la santé ; de celui des bains froids, des ablutions et des frictions humides, naît la force : c'est le moyen hygiénique des Turcs, des Anglais, et le plus puissant de la nature. — Oui, faites contracter à vos enfants, dès le berceau, l'excellente habitude de ces ablutions, de ces frictions humides : avec elles, s'ils sont réglés dans leur conduite, ils n'auront jamais à redouter la goutte, les hémorroïdes, les rhumes, les rhumatismes, ni enfin cette foule de maux, d'indispositions, qui viennent assiéger la vieillesse et souvent notre âge mûr.

Ceux de nos lecteurs qui seraient assez courageux pour aller affronter, sur les lieux, l'héroïque cure de Graefenberg, y trouveront la règle de conduite suivante, dans l'*Album* de l'établissement :

Vous qui foulez ici le sol sacré d'Hygie,
De qui, de tous vos maux, la kyrielle infinie
Sollicite à grands cris l'insigne faveur ;
N'attendez de salut que de votre ferveur :
Videz avec ardeur la coupe d'Hypocrène ;
Que là, dans la forêt, avec feu dans l'arène,
Votre corps affaissé sous le torrent des flots,
Rappèle sa valeur, livre cinquante assauts.
Puis qu'au sein du duvet avec persévérance,
De votre noble front l'eau coule en abondance ;
Et que deux fois le jour, plongeant avec vigueur,
Du limpide bassin, vous sortiez en vainqueur.
  A vos vaillants exploits, qu'excite le génie
Qui, dans ce haut vallon, créa l'Hydropathie,
La déesse applaudit, disperse de vos maux
L'infernale cohorte et la noie dans les eaux.

www.ingramcontent.com/pod-product-compliance
Lightning Source LLC
Chambersburg PA
CBHW050039230526
45470CB00003B/1351